Féli et sa Lignée de Leçons d'Amour

For the English version, go to page 28

Cendy Kidjo et Ornée Kidjo
Illustré par Olanike Tidjani

Féli et sa Lignée de Leçons d'Amour

Copyright © 2023 par Cendy Kidjo et Ornée Kidjo

Tous droits réservés. Aucune partie de cette publication ne peut être reproduite, distribuée ou transmise sous quelque forme ou par quelque moyen que ce soit, y compris photocopie, enregistrement ou autres méthodes électroniques ou mécaniques, sans l'autorisation écrite préalable de l'auteur, sauf dans le cas de courtes citations dans les critiques et certains autres usages non commerciaux autorisés par la loi sur le droit d'auteur.

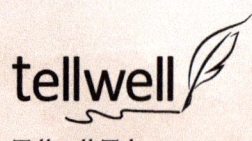

tellwell

Tellwell Talent
www.tellwell.ca

ISBN
978-0-2288-8402-6 (cartonné)
978-0-2288-8401-9 (souple)
978-0-2288-8403-3 (ebook)

A notre mère, la meilleure conteuse d'histoires.

Kayindé: la princesse et l'amour

Il était une fois dans un royaume très, très lointain, sur la côte ouest de l'Afrique, un chasseur qui s'appelait Agassin. Il était très fort et très habile. Mais il vivait dans le royaume de Mékò, qui était gouverné par un roi très cupide. Chaque année, le roi obligeait tous les villages aux alentours à lui donner tous leurs biens comme impôt. Mais ce que le roi ne savait pas, c'est que non loin de là, dans un autre royaume qui s'appelait Dahomey, un jeune homme nommé Ghézo venait d'être couronné roi. Et le roi Ghézo s'opposait à cet impôt.

DAHOMEY

OUIDAH

MEKO

COTONOU

ATLANTIC OCEAN

Ghézo a fait quelque chose qu'aucun autre roi n'avait fait auparavant. Il a hérité d'une armée de femmes appelées les *amazones*. Leur slogan était « la victoire ou la mort » En effet, l'idée d'avoir ces femmes guerrières venait de Tassi Hangbè, la seule femme qui a siégé sur le trône du Dahomey. Elle a décidé de former des femmes qui se portaient volontaires pour aller au combat. Ces guerrières étaient sous-estimées et impitoyables. Elles ont gagné de nombreuses guerres. Ainsi, plusieurs successeurs de Tassi Hangbè, dont le roi Ghézo, ont continué cette tradition. Néanmoins, aucun roi n'a osé s'opposer aux impôts du roi de Mékò, avant Ghézo. Il a décidé d'attaquer le royaume de Mékò pour qu'aucun autre village ne soit obligé de donner ses biens. Sa bravoure et ses exploits ont marqué l'histoire du Dahomey. Sous l'ordre de Ghézo, les *amazones* ont détruit facilement le royaume de Mékò et ont ramené de nombreux prisonniers au royaume du Dahomey.

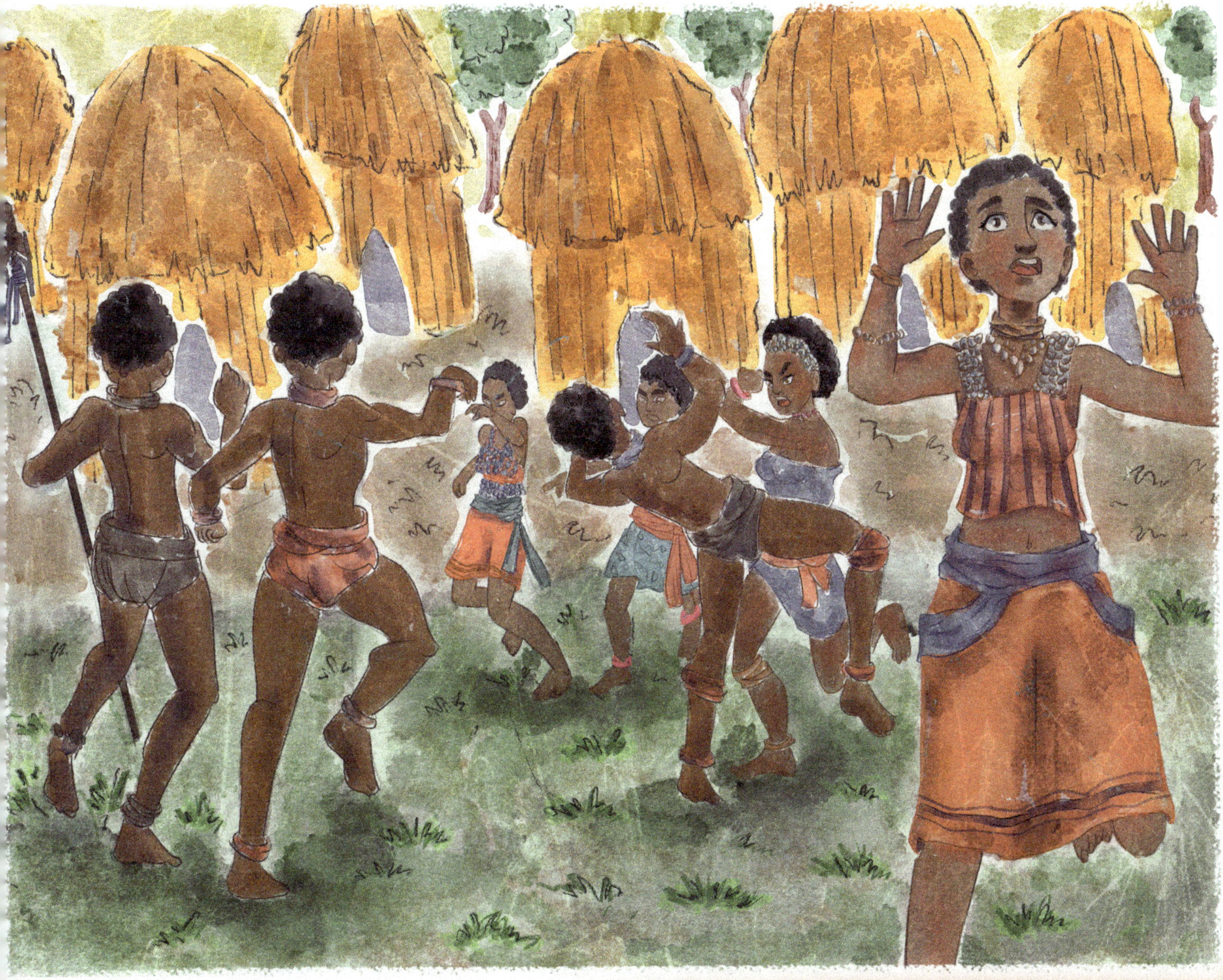

Certains des prisonniers étaient des villageois innocents qui se trouvaient au mauvais endroit au mauvais moment ; d'autres étaient des soldats qui obéissaient à un mauvais chef. Le roi Ghézo voulait être connu comme un grand roi. C'est la principale raison pour laquelle il a encouragé les amazones à capturer beaucoup de prisonniers. Les prisonniers les plus habiles serviraient son royaume et les moins habiles seraient vendus à Ouidah.

Parmi les prisonniers se trouvait Agassin, le chasseur. Il fut placé à la cour pour servir le roi Ghézo. Agassin comprit que sa survie dépendait de son obéissance au nouveau roi; il devint donc très loyal envers le roi Ghézo. Il s'adapta à son nouvel environnement, mais il n'oublia pas sa culture et sa langue. Au fil du temps, Agassin s'est familiarisé avec la famille du roi et attira l'attention de l'une des princesses. La princesse Kayindé était très belle et gracieuse. Elle admirait la force et la loyauté d'Agassin. Lorsque le chasseur lui fit part de ses sentiments, elle fut très heureuse et lui suggéra de demander le lendemain la bénédiction du roi pour leur mariage. Agassin savait qu'il pouvait perdre la vie si le roi s'opposait à leur union. Il ne ferma pas l'œil de la nuit.

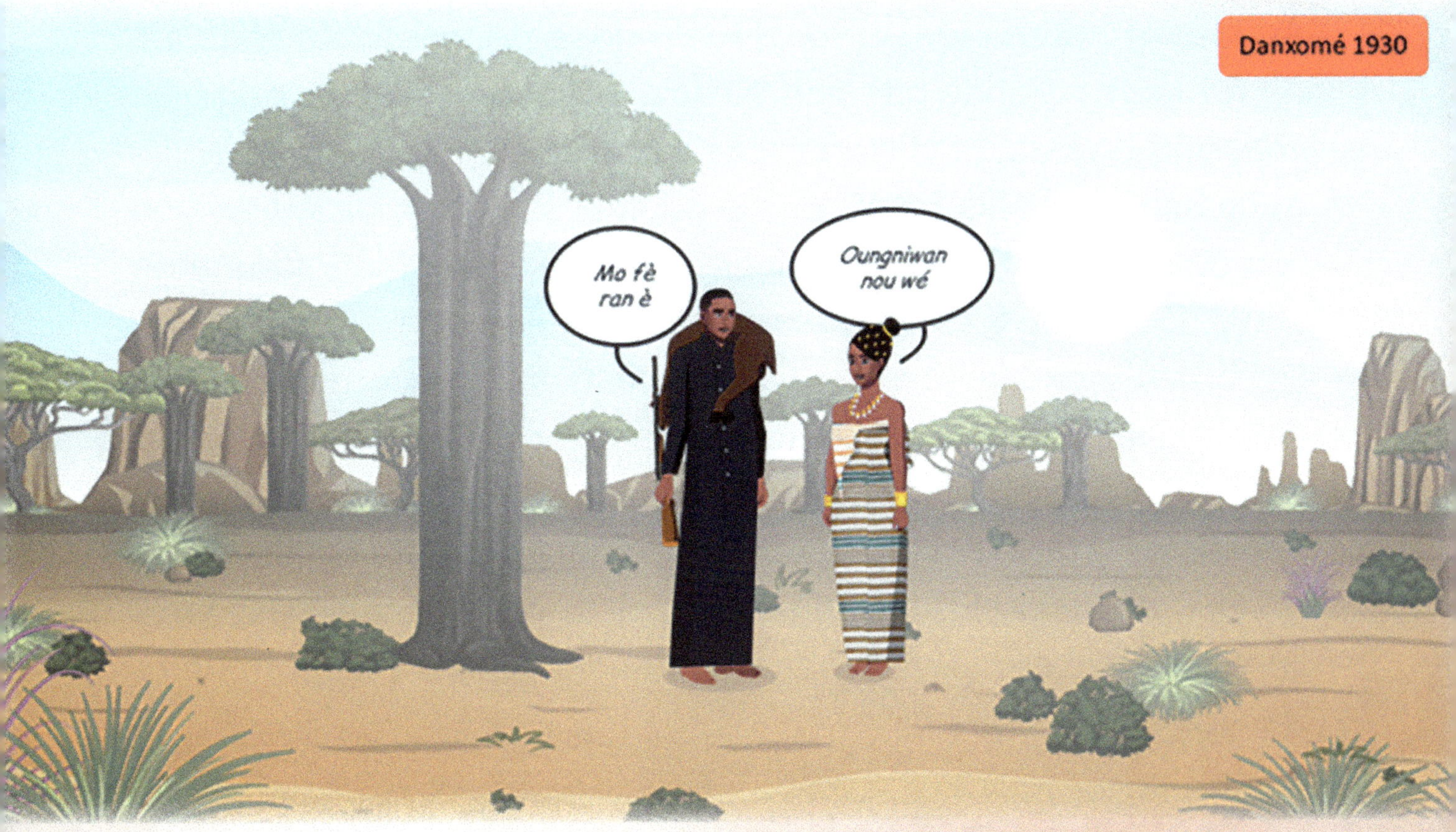
Danxomé 1930
Mo fè
ran è
Oungniwan
nou wé

Au matin, il demanda au roi la main de la princesse Kayindé. Le roi fut impressionné par sa bravoure et accepta leur mariage. Le chasseur Agassin et la princesse Kayindé eurent un beau mariage et de nombreux fils. La princesse éduqua ses fils selon la tradition Fon du Dahomey et Agassin leur enseigna la tradition Yoruba de Méko. D'une part, ils ont appris à préparer les plats typiques du Dahomey, dont le *man tindjan*, qui est une sauce de légumes épicée avec une moutarde secrète appelé *afitin*. D'ailleurs il est dit que cette moutarde est si délicieuse qu'il faut bien se laver les mains après l'avoir mangé, pour éviter que les rats ne dévorent tes doigts pendant la nuit! D'autre part, ils ont appris de leur père comment tisser les vêtements traditionnels Yoruba, comme le *Aso-Oke* et le *Agbada*.

8

Le temps passa et la princesse n'était pas pleinement heureuse. Elle désirait ardemment avoir une fille, mais son corps vieillissait. En effet, la princesse Kayindé avait perdu sa sœur jumelle à leur naissance et avait longtemps désiré avoir une fille pour combler sa solitude. Malheureusement, elle n'eut que des garçons pendant les vingt premières années de son mariage. Soudain, un jour, elle tomba de nouveau enceinte et eut une magnifique petite fille qu'elle a nommée Féli. C'était l'incarnation de son bonheur. Mère et fille étaient inséparables. Ceci marqua le début de l'aventure de Féli, la première et unique fille d'un chasseur de Méko et d'une princesse du Dahomey. Féli est la preuve vivante que l'amour n'a pas d'ethnie, pas de traditions et que l'amour peut tout vaincre.

Féli: l'amour opposé

Féli a grandi en bonne santé. Elle était la première femme de sa famille à aller à l'école. Malheureusement, après la mort de sa mère, son père est devenu très protecteur envers elle. Fusil à la main, il chassait tous les hommes qui demandaient sa main en mariage. Il tenait à ce qu'elle finisse ses études, mais Féli n'avait plus envie de continuer d'étudier. Sa mère lui manquait et elle voulait ouvrir un restaurant avec un menu inspiré des recettes de sa maman. Le seul moyen de sortir de l'emprise de son père était le mariage.

Lors d'un voyage dans la grande ville de Cotonou, Féli a rencontré Kidjo, un jeune homme de Ouidah qui était aussi le cousin de sa meilleure amie, Claire. C'était le coup de foudre. Ils ont eu de nombreux rendez-vous et ont beaucoup ri ensemble. Féli savait qu'aucun homme ne serait jamais assez bien pour plaire à son père, encore moins un homme d'un autre village. Elle a donc dit à Kidjo que leur amour était impossible. Féli retourna dans son village; Kidjo eut le cœur brisé.

Cotonou 1990

Heureusement, Kidjo était un homme très courageux. Une semaine plus tard, il se rendit au village de Féli avec sa cousine Claire, apportant des cadeaux et chantant la gloire du royaume du Dahomey. Étonnamment, le père de Féli n'a pas pris son arme de chasse. Il était plutôt satisfait de la bravoure de Kidjo et de sa compréhension de leur culture.

Dans la culture occidentale, lorsqu'un jeune homme désire épouser une femme, il lui offre une alliance en pierre précieuse. Cependant, dans la culture africaine, notamment à Dahomey, lorsqu'un jeune homme désire épouser une femme, il apporte des cadeaux à tous les membres de la famille de la femme. Ceci est une manière symbolique de les remercier d'avoir élevé une belle personne.

Agassin a donc accepté l'union de sa fille unique Féli avec Kidjo, le jeune homme de Ouidah[1]. Féli était folle de joie, sachant que maintenant, tout simplement comme ça, elle pourrait passer le reste de sa vie avec l'homme de son choix. Ils ont eu un très beau mariage.

Malheureusement, la vie a tendance à jouer des tours. Comme les parents de Féli l'ont eu quand ils étaient très vieux, Féli a perdu son père quelques mois après son mariage. Elle était dévastée, mais elle a aussi donné naissance à deux belles filles nommées Ayétobi et Ayétutu. Elle leur a donné des noms Yoruba pour rendre hommage à son père. Féli a vécu une vie épanouie et elle était connue pour sa générosité, sa cuisine et sa joie de vivre.

---

[1] Pour contexte historique et culturelle, Ouidah était le village où de nombreux Yoruba, le peuple du père de Féli, étaient vendus aux Français et aux Portugais. Par conséquent, l'union entre une Yoruba et un homme de Ouidah était très improbable à cette époque.

14

Parfois, il faut faire ce qu'on peut avec ce que l'on a, même si ce n'est pas idéal; car ce sont ces moments-là que vous transmettrez aux générations suivantes.

Ayétobi: les obstacles à l'amour

Ayétobi, la fille ainée de Féli, était une combinaison parfaite de beauté et d'intelligence. Elle était également très ambitieuse et s'identifiait comme féministe. Elle accordait plus d'importance à sa réussite professionnelle qu'à son devoir de se marier et d'avoir des enfants. Elle avait une idée précise de la façon dont sa vie serait menée et avait l'intention de s'en tenir à ce plan. Pour ce faire, elle a immigré au Canada pour bénéficier des opportunités offertes dans ce pays aux femmes qui travaillent fort.

Un jour, elle est partie à Cuba pour assister à la remise de diplôme d'une amie. Là, elle a rencontré Matéo, un jeune homme originaire du Congo. Elle était loin de se douter que cet homme allait changer le cours de sa vie. Après une semaine passée ensemble à visiter toute l'île, ils tombèrent très amoureux. Ce fut le coup de foudre, tout comme pour sa mère et sa grand-mère. Ayétobi aimait qu'il était timide, doux et ouvert d'esprit. Matéo aimait qu'elle était ambitieuse et attentionnée. Ils aimaient tous deux la culture latine et ils sont rapidement devenus inséparables.

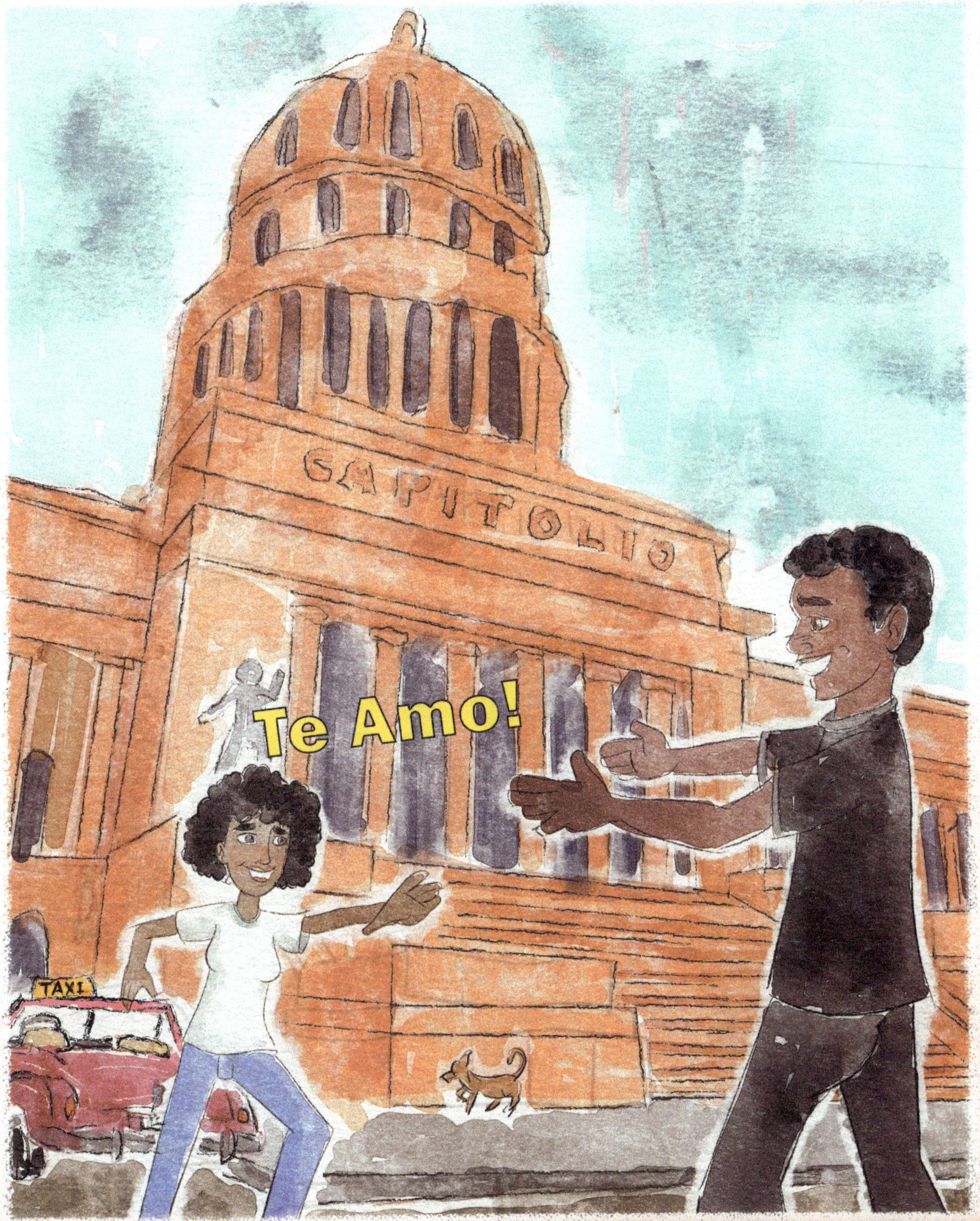
CAPITOLIO
Te Amo!
TAXI

Mais il y avait tant de choses qui leur faisait obstacle sur le chemin de l'amour. D'abord, la distance. Matéo vivait au Congo et Ayétobi au Canada. Ensuite, leurs religions. Matéo était protestant et Ayétobi était catholique. Leurs langues parlées étaient aussi différentes. Matéo parlait *lingala*, la langue typique des pays au centre de l'Afrique. Ayétobi parlait *fon*, la langue du Benin, pays de l'Afrique de l'Ouest anciennement connu sous le nom de Dahomey, le royaume de sa grand-mère. Leurs finances faisaient aussi obstacle à leur bonheur. Matéo et Ayétobi étaient tous deux étudiants pauvres; ils dépendaient toujours des ressources de leurs parents. Enfin, leur fuseau horaire les séparait: Matéo avait six heures d'avance sur l'heure d'Ayétobi. Quand elle dormait il était réveillé et quand il dormait, elle était réveillée. Cela semblait être un amour impossible.

Mais leurs émotions n'ont fait que croître de jour en jour. Il était difficile pour eux d'ignorer leur amour. Ils partageaient tous deux les mêmes valeurs africaines: la famille, le respect et la foi. Ils étaient tous deux ouverts d'esprit sur les traditions et le rôle de la femme dans le mariage. Quand Ayétobi a perdu sa maman Féli, elle est retournée au Bénin pour les funérailles. Matéo l'a surprise en faisant tout le chemin jusqu'à son village pour la réconforter. Ayétobi savait que Matéo était son âme sœur. Dès qu'ils ont tous deux atteints l'âge d'être indépendant, ils ont informé leurs familles qu'ils voulaient se marier. Les deux familles ont accepté leur union. Ayétobi et Matéo ont eu un beau mariage et de beaux enfants. Ils sont la preuve vivante que l'amour triomphe sur tout.

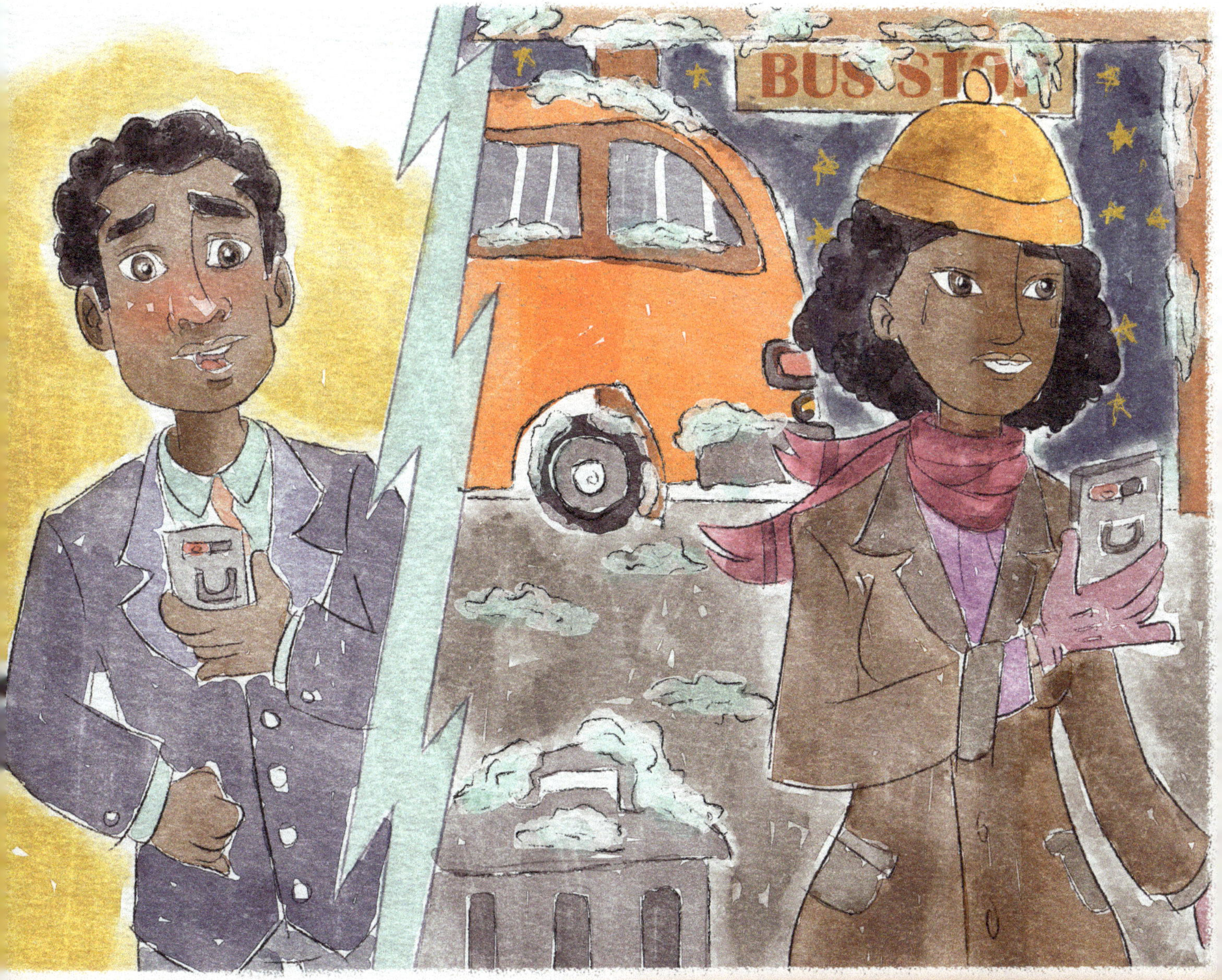

Ayétutu: l'amour-propre

Ayétutu est la deuxième fille de Féli et Kidjo. Elle a toujours été une personne calme et gentille. Au fil des années, elle s'est transformée en incarnation de la beauté de Féli. Elle a hérité de la taille de guêpe et de la peau lisse de Féli. Malgré toute sa beauté et sa gentillesse, Ayétutu n'a pas eu de chance en amour. Elle a attendu en vain pendant trois décennies pour que le prince parfait arrive dans sa vie. Elle se sentait triste et seule à chaque fois qu'elle recevait une invitation à un mariage. Elle craignait que le temps ne s'écoule et que sa vie ne devienne vide.

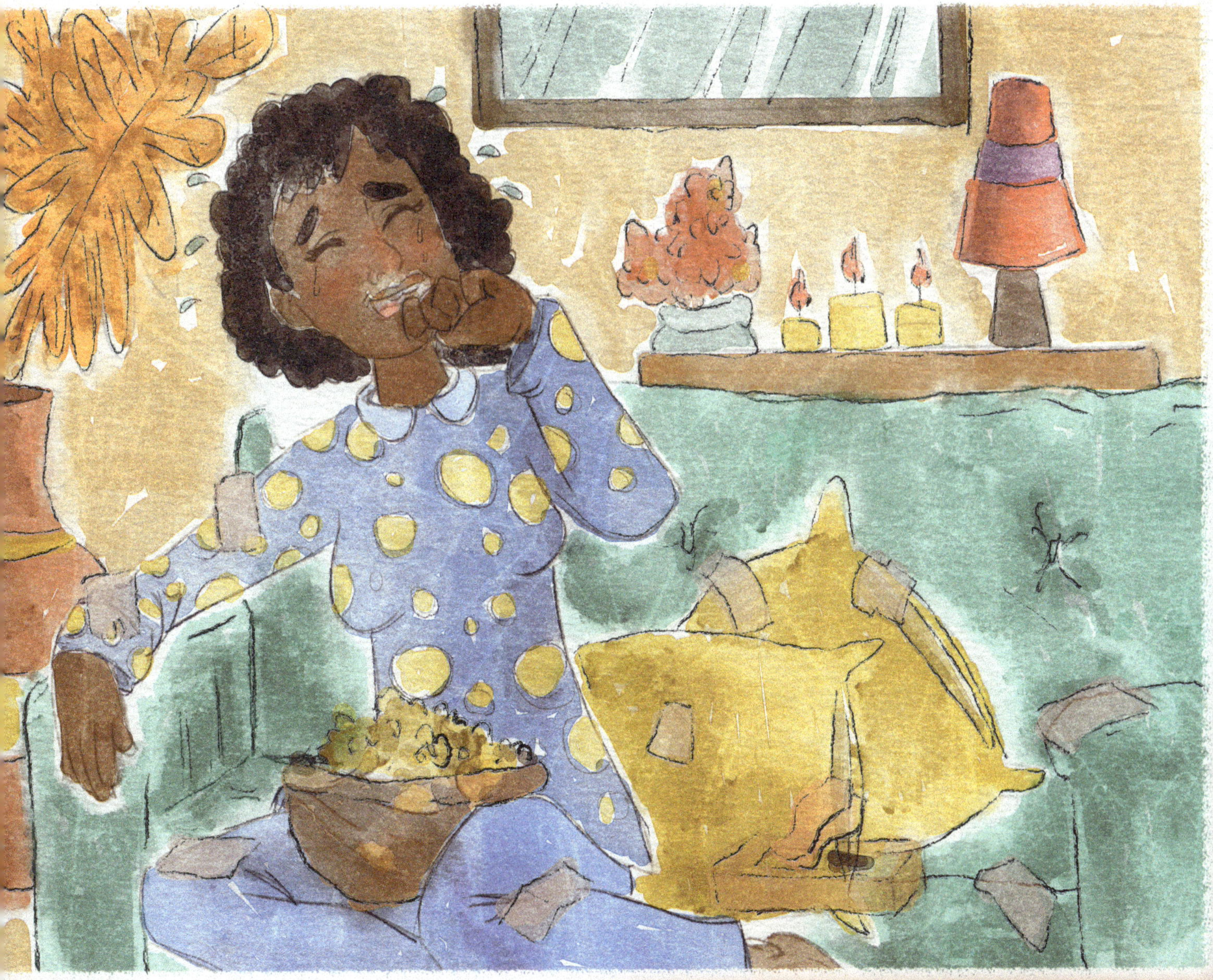

Un jour, elle a confessé ses chagrins à sa sœur. Elle a alors reçu un conseil étonnant. Sa sœur lui a dit d'arrêter d'attendre que quelqu'un arrive pour la compléter. Ayétobi lui a dit qu'elle, Ayétutu, était déjà une personne complète et qu'elle pouvait faire des choses qui la rendraient heureuse. Elle pouvait utiliser son temps pour aider les autres, pour bâtir sa communauté.

Ayétutu a réfléchi sur ce que disait sa sœur. C'était vrai, elle était la meilleure à son poste de travail. Elle faisait du bénévolat à l'hôpital pour enfants. Elle avait un groupe d'amis très soudé. Ensemble, elles organisaient des pique-niques dans le parc de la Gatineau. Elles allaient à des concerts et s'offraient parfois un bon massage et une manucure. Toutes ces activités apportaient de la joie dans la vie d'Ayétutu.

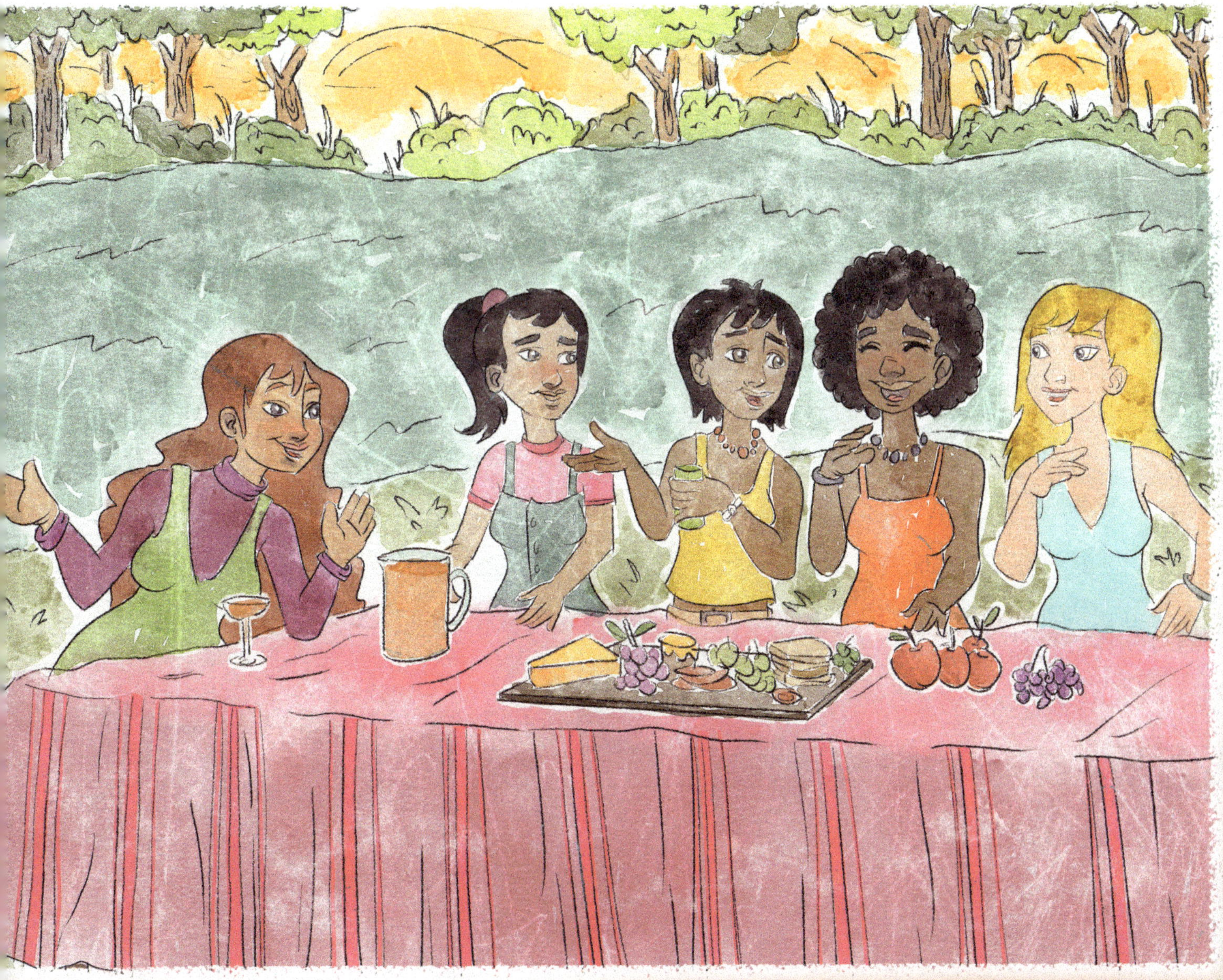

Elle s'est rendu compte que tous les êtres humains ne sont pas destinés à vivre une grande histoire d'amour. Mais elle avait tort. Son éthique de travail et son impact dans sa communauté étaient la preuve de la plus grande histoire d'amour: l'amour de soi. En fait, Ayétutu a trouvé la force de vivre une vie épanouie et de faire une différence dans la société, une différence dont profiteraient de nombreuses générations après elle. N'est-ce pas là une véritable preuve d'amour?

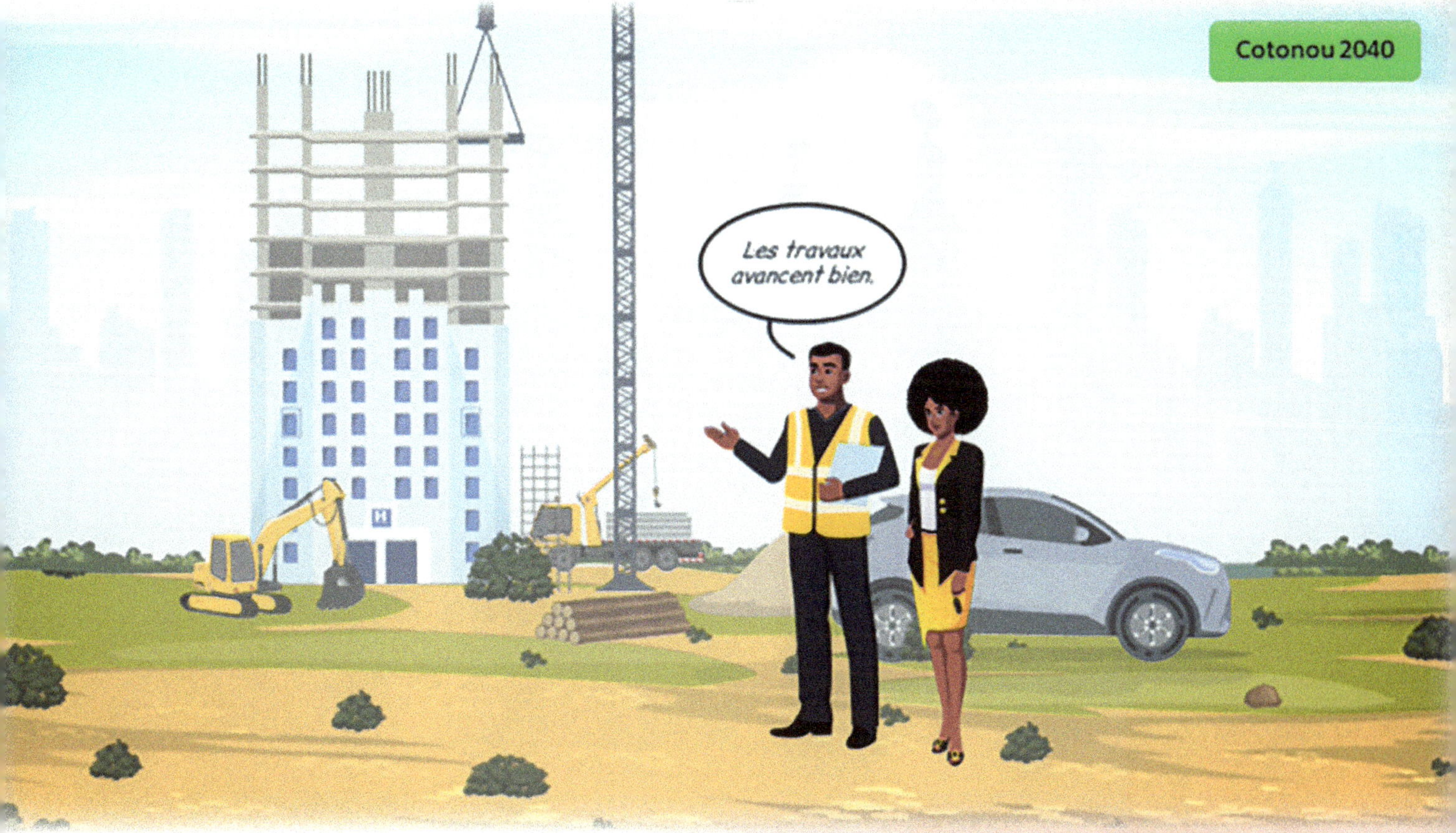
Cotonou 2040
Les travaux avancent bien.

À propos des auteurs

Cendy et Ornée sont des sœurs originaires de la République du Bénin. Elles ont perdu leur mère l'année dernière et ce livre est leur façon d'immortaliser son histoire. C'est le premier livre des deux sœurs. Il raconte l'histoire d'amour de trois générations de femmes fortes. Il aborde les thèmes de l'amour, de la tolérance et du deuil.

English Version Below

Feli's Lineage of Love Lessons

Cendy KIDJO and Ornëe KIDJO

Illustrated by Olanike TIDJANI

All rights reserved. No part of this publication may be reproduced, distributed or transmitted in any form or by any means, including photocopying, recording or other electronic or mechanical methods, without the prior written permission of the author, except as short quotations in reviews and certain other noncommercial uses permitted by copyright law.

To our mother, the best storyteller.

Kayindè: the princess and love

Once upon a time, in a kingdom far, far away on the west coast of Africa, there was a hunter named Agassin. He was very strong and skillful, but he lived in a kingdom ruled by a very greedy king: the king of Mékò. Every year, the king forced all the people in the surrounding villages to give all their possessions to him as a tax. What the king didn't know was that not too far from there, in the nearby kingdom of Dahomey, a young man named Ghézo was about to be crowned king.

DAHOMEY

OUIDAH

COTONOU

MEKO

ATLANTIC OCEAN

King Ghézo, who opposed the tax law, did something no other king had done before: he trained an army of women called the *amazones*. Their slogan was "victory or death." Indeed, the idea for these women warriors was initiated by Tassi Hangbè, the only woman to sit on the throne of Dahomey. She decided to train women volunteers to go into battle. They were underestimated and fearless. They won many wars. Thus, several of Tassi Hangbè's successors, including King Ghézo, continued this tradition. Nevertheless, no king had dared to oppose the taxes of the king of Mékò before Ghézo. He decided to attack the kingdom of Mékò so that no other village would be obliged to give up its goods. His bravery and exploits left their mark on the history of Dahomey. Under Ghézo's orders, the *amazones* easily destroyed the kingdom of Mékò and brought back many prisoners to the kingdom of Dahomey.

34

Some of the prisoners were innocent villagers who were in the wrong place at the wrong time, and others were simply soldiers obeying a bad leader. King Ghézo wanted to be known as a great king. That is the main reason why he encouraged the *amazones* to take lots of prisoners. The most skillful ones would serve his kingdom, and the less skillful would be sold in Ouidah.

Among the prisoners was Agassin, the hunter. He was placed at court to serve King Ghézo. Agassin understood that his survival depended on his obedience to the new king, so he became very loyal to King Ghézo. He adapted to his new environment, but he never forgot his culture and language.

Over time, Agassin became known to the king's family, and he caught the eye of one of the princesses. Princess Kayindé was very beautiful and graceful. She admired the strength and loyalty of Agassin. When he told her how he felt about her, she was very pleased. She suggested that Agassin ask for the king's blessing in marriage the next day. Agassin knew that he could lose his life if the king opposed their union. That night, he barely slept. In the morning, he asked King Ghézo for Princess Kayindé's hand. Impressed by Agassin's bravery, the king agreed to their wedding.

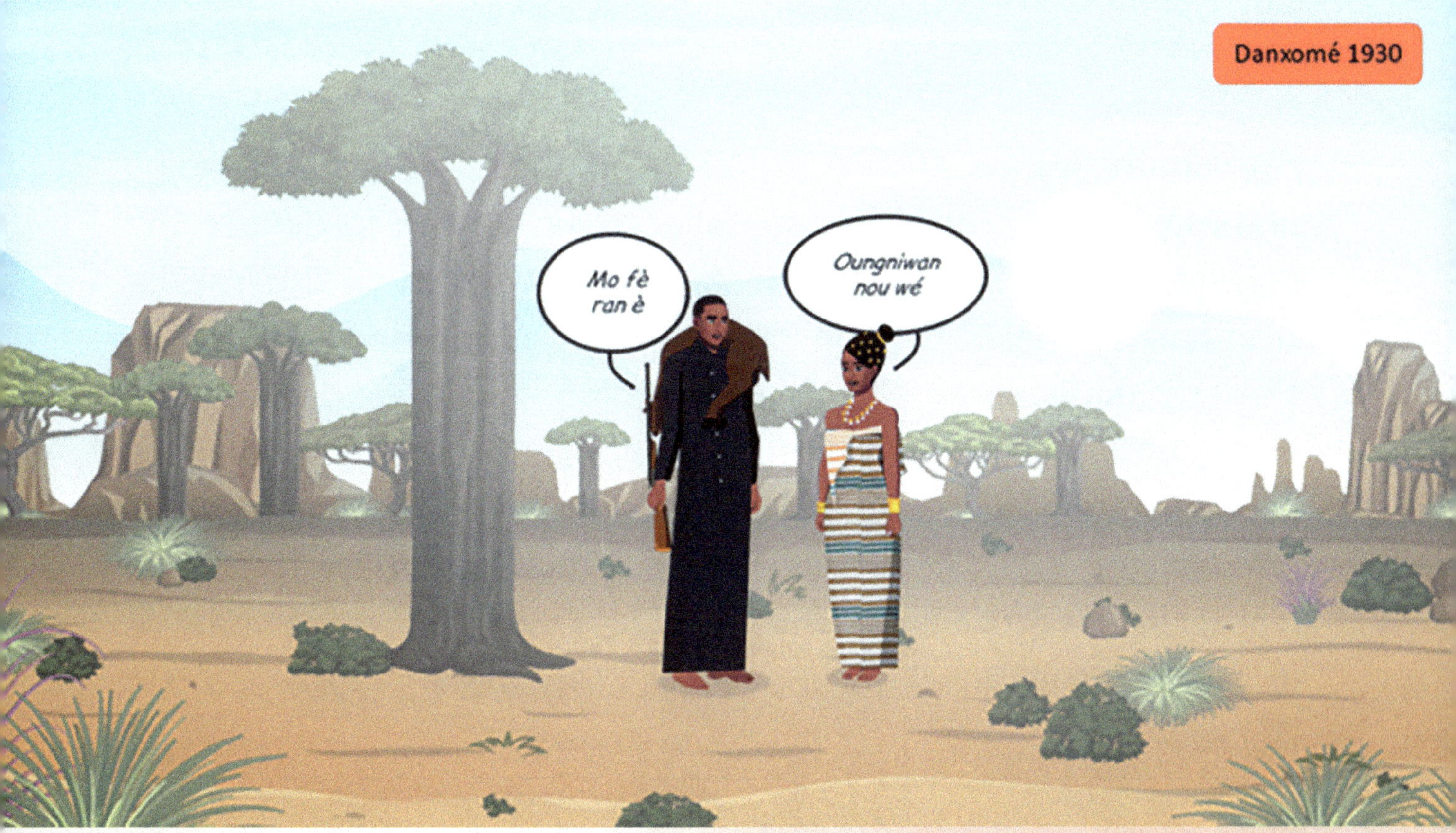
Danxomé 1930
Mo fè
ran è
Oungniwan
nou wé

Agassin the hunter and Princess Kayindé had a beautiful wedding and many sons. The princess raised their sons according to the Fon tradition of Dahomey, and Agassin taught them the Yoruba tradition of Méko. On the one hand, they learned to prepare the typical dishes of Dahomey including *man tindjan* which is a vegetable sauce spiced with a secret mustard called *afitin*. It is said that this mustard is so delicious that you must wash your hands after eating it, to prevent rats from eating your fingers at night. On the other hand, they learned from their father how to weave the traditional Yoruba clothes like the *Aso-Oke* and the *Agbada*.

38

As time went by, the princess was not completely happy. She longed for a daughter, but her body was getting older. Indeed, Princess Kayindé had lost her twin sister at birth and longed to have a daughter to fill her loneliness. Unfortunately, she had only boys for the first twenty years of her marriage. Miraculously, one day she became pregnant and had an adorable baby girl named Féli. This baby girl was the peak of Princess Kayindé's happiness. Mother and daughter were inseparable. This was the beginning of the journey of Féli, the first and only daughter of a hunter from Mékò and a princess from Dahomey. Féli was living proof that love has no ethnicity and no tradition, for love can conquer all.

Féli: the conflicted love

Féli grew healthy and strong. She was the first woman of her family to go to school. Unfortunately, her mother died, and her father became very protective of her. With rifle in hand he chased away all the men who asked for her hand in marriage. He wanted her to finish her studies, but Féli didn't want to continue her studies. She missed her mother and wanted to open a restaurant with a menu inspired by her mother's recipes. The only way to escape her father's grip was to get married.

On a trip to the big city of Cotonou, Féli met Kidjo, a young man from Ouidah who was also the cousin of her best friend, Claire. It was love at first sight. They went on many dates and laughed a lot together. Féli knew that no man would ever be good enough in her father's eyes, especially not a man from another village. Sadly, she told Kidjo that their love was impossible. Féli returned to her village and Kidjo was heartbroken.

Cotonou 1990

Fortunately, Kidjo was a very brave man. He went to Féli's village a week later with his cousin Claire, bearing gifts and singing the glory of the kingdom of Dahomey. Surprisingly, Féli's father did not grab his gun. He was pleased with Kidjo's bravery and his understanding of their culture.

In Western culture, when a young man wants to marry a woman, he gives her a gemstone engagement ring. However, in African culture, especially in Dahomey, when a young man wants to marry a woman he brings gifts to her entire family. This is a symbolic way of thanking them for raising a beautiful person.

Féli's father Agassin accepted the union of his only daughter, Féli, and Kidjo, the young man from Ouidah[1]. Féli was overjoyed. Just like that, she would be spending the rest of her life with the man of her choice. They had a beautiful wedding.

Unfortunately, life has a way of throwing curveballs. As Féli's parents had had her when they were very old, Féli lost her father a few months after her wedding. She was devastated. Eventually, she also gave birth to two beautiful daughters, named Ayétobi and Ayétutu. She gave them Yoruba names to honor her father. Féli lived a fulfilling life and was known for her generosity, her cooking skills, and her *joie de vivre*.

---

[1] To put things into context, Ouidah was the village where many Yoruba such as Féli's dad were being sold to the French and the Portuguese. Therefore, the union between a Yoruba woman and a man from Ouidah was very unlikely during that time.

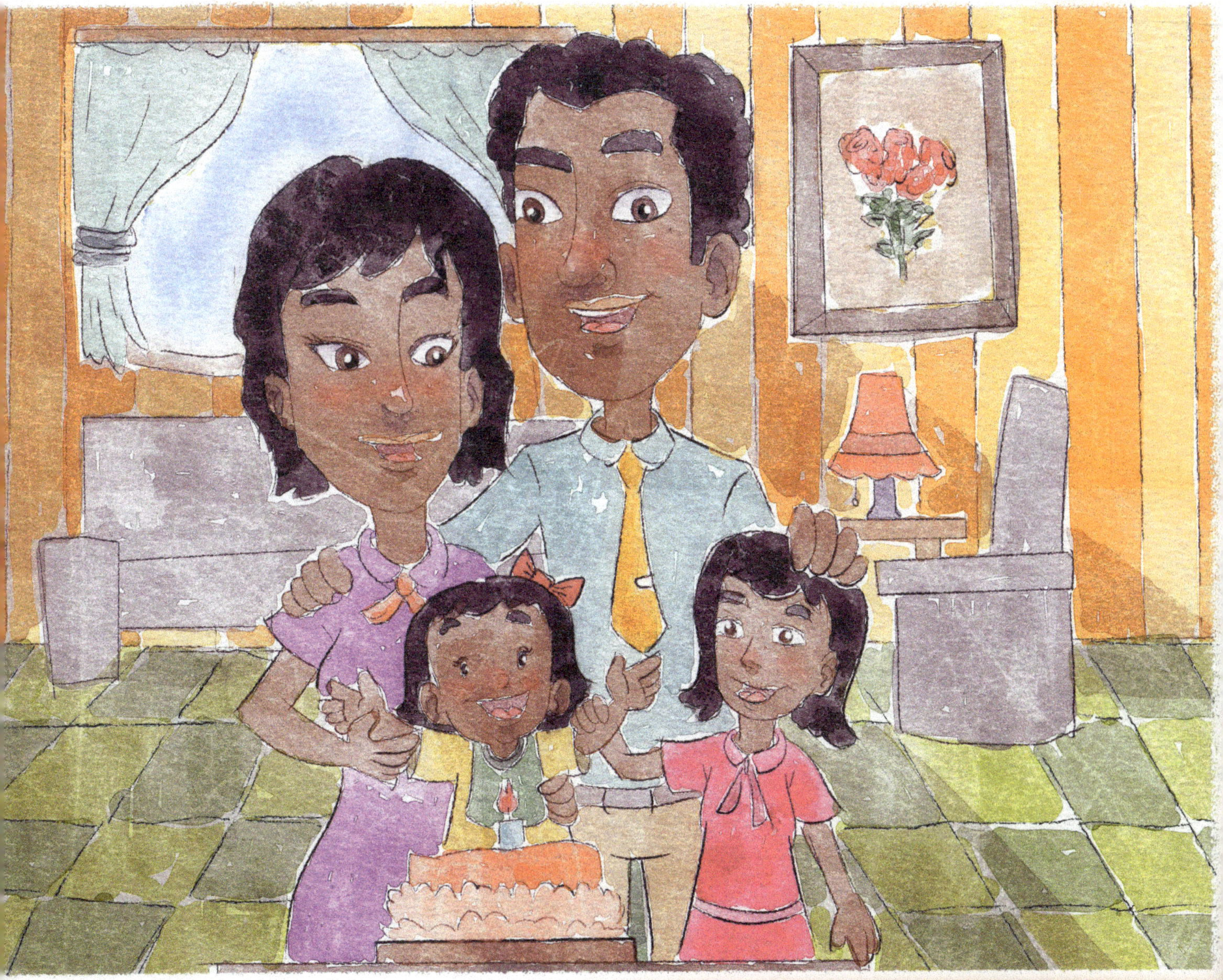

Sometimes when life gives you lemons, all you can do is make lemonade and share it with your loved ones, because those are the moments you will pass down to the next generations.

Ayétobi: the hurdles of love

Ayétobi, Féli and Kidjo's first daughter, was the perfect combination of beauty and intelligence. She was also very ambitious, and a self-proclaimed feminist. She valued her professional success over her duty to be married and produce offspring. She had a strict plan laid out of how her life would be, and she intended to stick to the plan. She emigrated to Canada to take advantage of the opportunities there that are available to hard-working women.

One day she travelled to Cuba to attend a friend's graduation and there she met Matéo, a young man from Congo. She had no idea that he would change the course of her plans. It was love at first sight, just like for her mother and grandmother. Ayétobi and Matéo both loved Latin culture, and quickly became inseparable. After spending a week together touring the whole island, they fell completely in love. Ayétobi loved that Matéo was shy, sweet, and open-minded, and he loved that she was ambitious and caring.

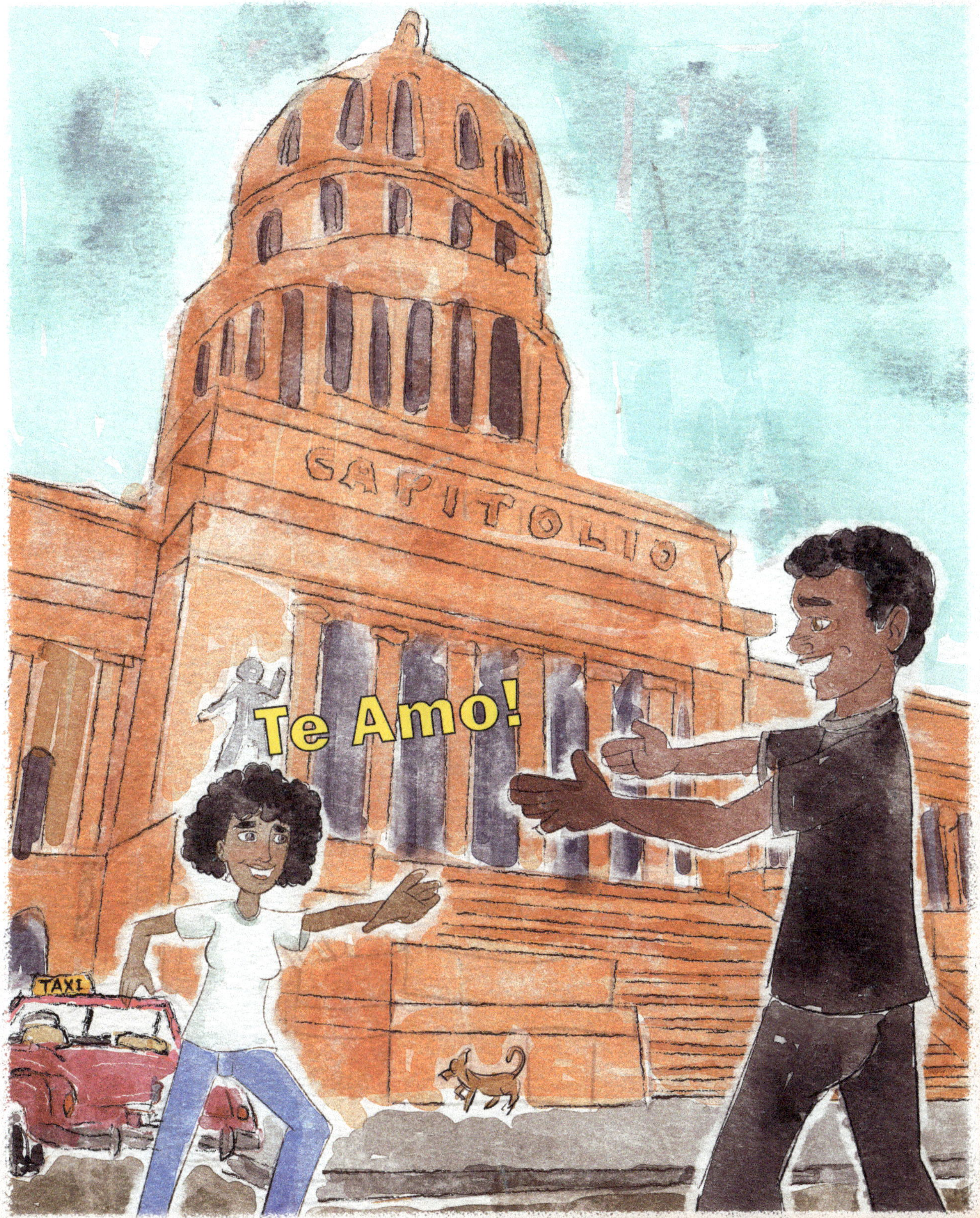
CAPITOLIO
Te Amo!
TAXI

But so many obstacles stood in the way of their love. First, the distance: Matéo lived in Congo and Ayétobi lived in Canada. Second, their religion: Matéo was a Protestant and Ayétobi was a Catholic. Their languages were also different; Matéo spoke Lingala, the typical language of central African countries, and Ayétobi spoke Fon, the language of Benin, a West African country formerly known as Dahomey, her grandmother's kingdom. Their finances were also an obstacle to their love. Matéo and Ayétobi were both poor students who still depended on their parents' resources. Finally, their time zone separated them; in Congo, Matéo was six hours ahead of Ayétobi's time in Canada. When she was sleeping, he was awake, and when he was sleeping, she was awake.

It seemed like an impossible love, but their emotions only grew stronger and stronger every day. It was difficult for them to ignore their love. They both shared the same African values: family, respect, and faith. They were both open-minded about traditions and the role of a woman in a marriage. When Ayétobi lost Féli, her mom, she returned to Benin for the funeral. Matéo surprised her by travelling all the way to her village to give her comfort. Ayétobi knew Matéo was her soulmate. As soon as they were old enough to be independent, they informed their families that they would like to wed. Both families agreed to their union. Ayétobi and Matéo had a beautiful wedding and wonderful children. They are living proof that love conquers it all.

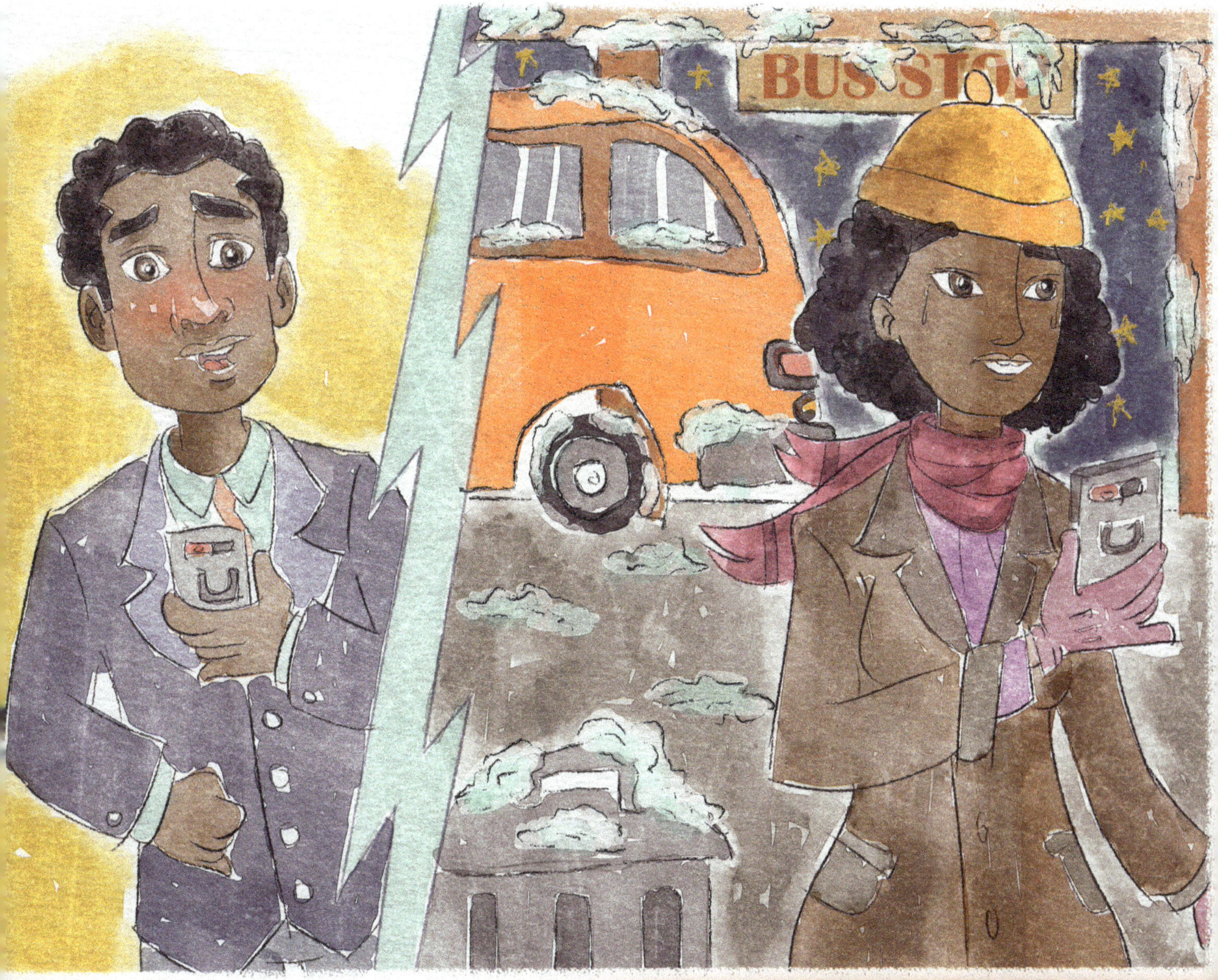
BUS STO

Ayétutu: self-love

Ayétutu was the second daughter of Féli and Kidjo. She was always a quiet and kind person. Over the years, she transformed into the embodiment of Féli's beauty. She inherited Féli's hourglass shape and smooth skin. Despite all her beauty and kindness, Ayétutu was not lucky in love. She waited for three decades for the perfect prince, in vain. She felt sad and lonely every time she got a wedding invitation, for she feared that time was slipping away and her life was becoming empty. She feared she might not find a great love similar to her mother's and grandmother's.

52

One day, she confessed her sorrows to her sister. She then received amazing advice. Ayétobi told her to stop waiting for someone to complete her. Ayétobi told her that she, Ayétutu, was already a complete person. She could do things that would make her happy. She could use her time to help others, to build her community.

Ayétutu reflected on what her sister was saying. It was true, she was the best at her work at the Public Health Agency of Canada. She volunteered at the children's hospital. She had a close-knit group of friends. Together, they organized picnics in Gatineau Park every summer. They went to concerts and sometimes treated themselves to a good massage and manicure. All these activities brought joy to Ayétutu's life.

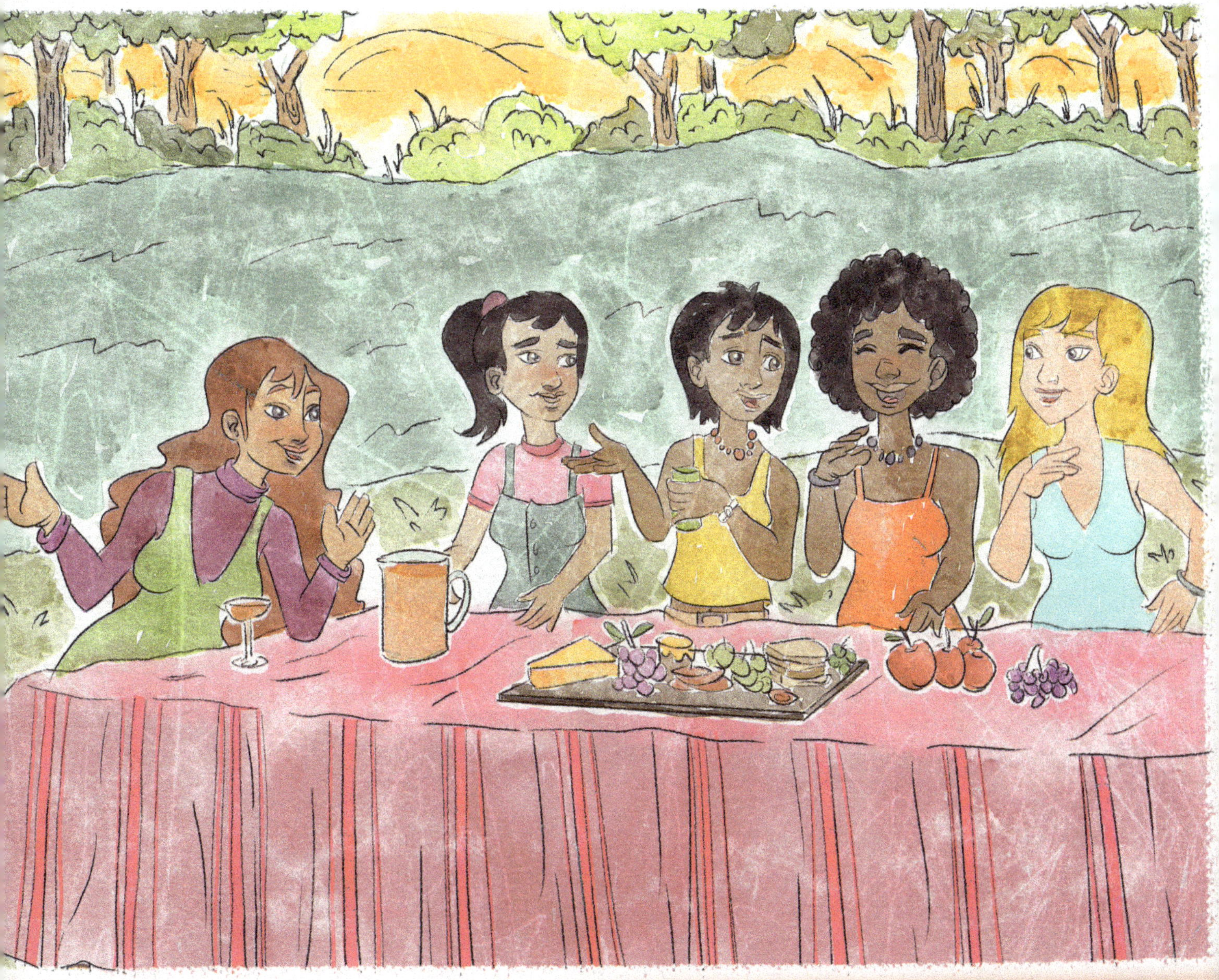

She came to the realization that not every human is meant to have a great love story. But she was wrong. Her work ethic and her impact in her community were proof of the greatest love story: the love of oneself. In fact, Ayétutu found the strength to live a fulfilling life and to make a difference in society. Her impact is something many generations will enjoy after she is gone. Isn't that the truest testament of love?

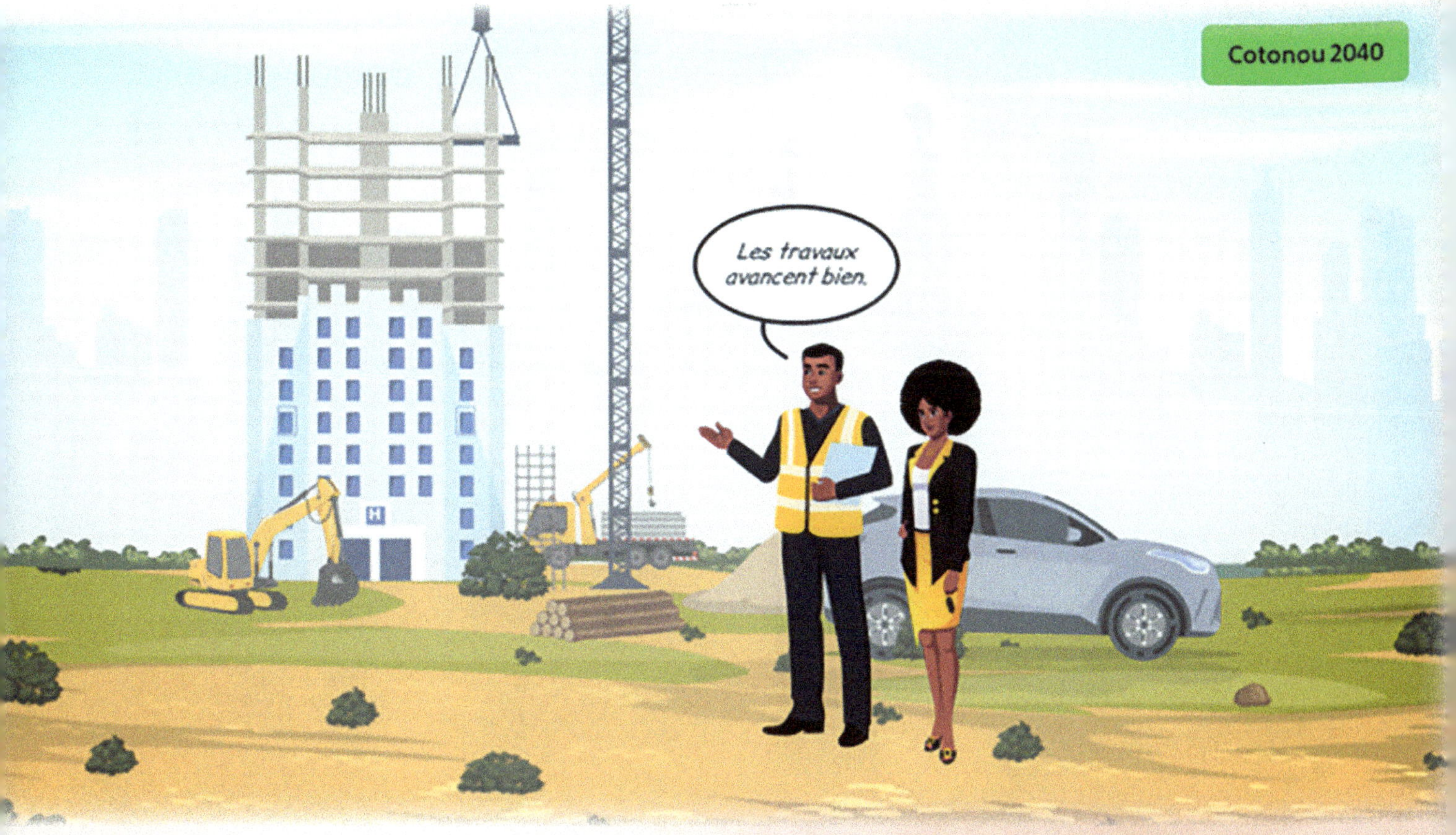
Cotonou 2040
Les travaux avancent bien.

About the authors

Cendy and Ornée are sisters originally from Benin Republic. They lost their mother last year, and this book is their way of immortalizing her memory. This first book by the sisters narrates the love story of three generations of strong women, and covers topics of love, tolerance, and loss.